노년을 위한

십자가의 길

"삶의 누룩으로 자신의 신앙을 빚어 온 노인들이여,
여러분은 세월을 견뎌냈을 뿐 아니라
자신이 경험한 모든 것에 대한 감사를 마음속에 간직해 온
하느님의 사람들입니다." (교황 프란치스코)

십자가의 길은 한평생 충실한 삶으로
예수 그리스도를 증언한 여러분의 여정 안에서 계속됩니다.

오늘 바치는 십자가의 길은
하느님께 드리는 감사의 기도입니다.
하느님께서는 우리에게 은혜로운 노년기를 허락하시어 통합된 삶, 하느님과 완전한 일치를 이룰 수 있는 길을 걷게 하십니다.

오늘 바치는 십자가의 길은
하느님께 드리는 간청의 기도입니다.
이제는 모든 것을 내려놓고 창조주 하느님을 '아빠, 아버지'(로마 8,15)라고 고백하는 하느님의 자녀로 거듭나 지금 여기에서 하느님 나라를 사는 기쁨을 주시기를 청합니다.

시작 기도

✝ 성부와 성자와 성령의 이름으로 아멘.

자비로우신 하느님 아버지,
당신 종이 여기에 왔나이다.
하느님의 뜻 따라 한생을 바쳐
오롯하고 충직하게 주어진 삶을 살다가
주님 품 안으로 돌아온 제가 여기에 있나이다.

아버지,
당신께서 세상에 내어 주신 귀하신 외아드님,
제 삶의 주인이신 예수님께서 걸어가셨던
십자가의 길 위에
이제 제가 홀로 서 있사오니,

우리 구원을 위한 십자가의 여정 안에서
아드님을 받아 안으셨던 것과 같이
하느님의 뜻에 따라 혹은 제 뜻대로 걸어온
삶의 크고 작은 십자가들을 받아 주소서.

특별히 베풀어 주신 모든 은혜에 대한 감사의 마음을
기도에 담아 살아가는
소박하고 가난한 저의 삶을 어여삐 받아 주소서.
우리 주 그리스도를 통하여 비나이다. 아멘.

(제1처로 가며)

◎ 어머니께 청하오니 제 맘속에 주님 상처 깊이 새겨 주소서.

제 1 처

예수님께서 사형 선고 받으심을
묵상합시다.

✣ 주님께서는 십자가로 온 세상을 구원하셨나이다.
◎ 예수 그리스도님, 경배하며 찬송하나이다.

아버지, 아버지의 이름을 영광스럽게 하소서.
(요한 12,28)

이 세상 통치자로부터 내려진 사형 선고로 지상에서 33년의 생을 사신 예수님의 여정은 마감되고 더 큰 아버지의 뜻을 향해 내딛는 십자가의 길이 시작됩니다. 예수님은 성부와 완전한 일치를 이루는 자리에 홀로 서 계십니다.

마음으로 드리는 기도

치열하게 뜨겁게 모든 것을 바쳐 사람을 사랑하신 예수님, 머리 둘 곳조차 없이 사셨던 당신 사랑의 여정이 완성되는 이 시간, 아버지의 뜻에 당신 자신을 완전히 합하신 주님의 비움에 저를 온전히 합하나이다. 아멘.

(잠깐 묵상한다.)

◎ 예수님의 수난을 보시고, 저희와 온 세상에 자비를 베푸소서.
주님의 기도, 성모송, 영광송

(제2처로 가며)
◎ 어머니께 청하오니 제 맘속에 주님 상처 깊이 새겨 주소서.

제 2 처

예수님께서 십자가 지심을 묵상합시다.

✠ 주님께서는 십자가로 온 세상을 구원하셨나이다.
◎ 예수 그리스도님, 경배하며 찬송하나이다.

> 주여, 내 마음 주를 향하여 올리오니
> 당신 종의 마음을 기쁨으로 가득 채우소서.
> (시편 86,4)

십자가, 사람이신 예수님께서 죽음을 마주해야 하는 이 시간. 주님께서는 마음이 산란하여 아버지께 이때를 벗어나게 해 주십사 간구하셨지만, 더 큰 하느님의 뜻에 자신을 내맡기며 홀로 십자가를 받아 안으십니다.

마음으로 드리는 기도

구원자 예수님, 당신은 저에게 영원한 생명의 문을 열어 주시고자 무거운 십자가를 기꺼이 받아 안으셨습니다. 주님, 노년을 살고 있는 제가 할 수 있는 최상의 일은 기꺼운 마음으로 나이를 먹고, 힘닿는 만큼 일하고, 말하고 싶지만 침묵하고, 실망스러워질 때 희망을 품으며 공손하게 제게 주어진 십자가를 기꺼이 받아 안는 것임을 마음 깊이 새겨 주소서.

무엇보다도 죄인인 저를 대신하여 십자가를 지신 창조주 하느님과 하나 되어 제가 주님의 길을 따라 충실히 걸어가게 하여 주소서. 아멘.

(잠깐 묵상한다.)

◎ 예수님의 수난을 보시고 저희와 온 세상에 자비를 베푸소서.
주님의 기도, 성모송, 영광송

(제3처로 가며)

◎ 어머니께 청하오니 제 맘속에 주님 상처 깊이 새겨 주소서.

제 3 처

예수님께서 기력이 떨어져
넘어지심을 묵상합시다.

✠ 주님께서는 십자가로 온 세상을 구원하셨나이다.
◎ 예수 그리스도님, 경배하며 찬송하나이다.

나의 주여, 일어나소서. (시편 44,23)

무거운 십자가에 눌려 넘어지시는 당신 옆에 성모님과 함께 제가 서 있나이다.

마음으로 드리는 기도

일어나소서. 주님.
나이 들어 육체는 나날이 쇠약해지지만, 영적으로는 완전히 열려 있는 제 영혼을 보시고 일어나소서. 주님. 예수님, 저에게 노년기를 허락하시어 숨 쉬는 순간마다 주님을 찬미하게 하시고, 너무 바빠 지나쳤던 젊은 날들을 더 깊이 바라보며 의미를 새겨, 모든 것 안에서 당신의 섭리를 발견하게 하시니 찬미와 영광 받으소서.

예수님, 지나온 세월 동안 저도 모르게 제 속에 깃든 기쁨과 슬픔, 보람과 좌절 안에 숨어 있는 하느님의 더 큰 뜻을 되새기며 드리는 제 가난한 기도를 받으소서.

죄에 떨어졌다가도 당신께 드리는 감사 안에서 다시 일어설 용기를 얻으오니 죄의 구렁텅이에서 다시 일어서는 제 조졸한 영혼을 딛고 주님, 일어나소서. 아멘.

(잠깐 묵상한다.)

◎ 예수님의 수난을 보시고 저희와 온 세상에 자비를 베푸소서.
주님의 기도, 성모송, 영광송

(제4처로 가며)
◎ 어머니께 청하오니 제 맘속에 주님 상처 깊이 새겨 주소서.

제 4 처

예수님께서 성모님을
만나심을 묵상합시다.

✢ 주님께서는 십자가로 온 세상을 구원하셨나이다.
◎ 예수 그리스도님, 경배하며 찬송하나이다.

> 어머니는 이 모든 일을 마음속에 새겨 두었다.
> (루가 2,51)

십자가를 껴안은 아드님을
품어 안으시는 비통한 어머님, 당신의 마음이 되어 예수님을 바라봅니다.

마음으로 드리는 기도
저의 육체적인 한계와 고통 안에 숨어 계신 예수님, 그 고통 안으로 통고의 어머니를 모십니다.
제가 정성껏 바쳐 드리는 매일의 묵주 기도 안에서 고통의 예수님과 자애로우신 어머님께서 만나시어 사무치는 아픔 속에서도 서로를 격려하시는 그 모습을 묵상하는 제 마음 안에 오십시오.
오시어 기도 안에서 끊임없이 피어오르는 영원을 향

한 저의 믿음과 소망과 사랑 안에 머무소서. 아멘.
(잠깐 묵상한다.)

◎ 예수님의 수난을 보시고 저희와 온 세상에 자비를 베푸소서.
주님의 기도, 성모송, 영광송

(제5처로 가며)
◎ 어머니께 청하오니 제 맘속에 주님 상처 깊이 새겨 주소서.

제 5 처

시몬이 예수님을 도와
십자가 짐을 묵상합시다.

✝ 주님께서는 십자가로 온 세상을 구원하셨나이다.
◎ 예수 그리스도님, 경배하며 찬송하나이다.

> 들에서 오고 있던 시몬이라는 어떤 키레네 사람을 붙들어 그에게 십자가를 메우고 예수의 뒤를 따라 지고 가게 하였다. (루가 23,26)

지금 제가 서 있는 삶의 자리, 노년은 젊은 날에 지나쳐 온 십자가를 다시 꺼내어 새롭게 봉헌하고, 오늘 지고 가야 할 십자가를 날마다 기꺼이 받아 지는 충만한 기도의 자리입니다.

마음으로 드리는 기도
무거운 십자가에 눌려 지치신 주님,
건장한 젊은이가 당신을 돕는 광경이 얼마나 큰 기쁨으로 다가오는지요.
고독하신 예수님, 나이 듦의 신비는 참으로 풍요롭습니다. 그간 저를 둘러싼 사람들과 어우러져 서로를 지지하고 도우며 하늘나라를 위해 줄기차게 달려온 보람찬 삶을 당신 안에서 새롭게 합니다.

이제는 다른 이를 돕기보다는 도움을 기꺼이 받아들이는 겸손함과 영적인 기쁨 안에서 흘러나오는 온유한 미소를 세상과 나눌 수 있는 내적 지혜가 제 안에 샘솟게 해 주소서. 아멘.

(잠깐 묵상한다.)

◎ 예수님의 수난을 보시고 저희와 온 세상에 자비를 베푸소서.
주님의 기도, 성모송, 영광송

(제6처로 가며)

◎ 어머니께 청하오니 제 맘속에 주님 상처 깊이 새겨 주소서.

제 6 처

베로니카, 수건으로 예수님의
얼굴을 닦아 드림을 묵상합시다.

✠ 주님께서는 십자가로 온 세상을 구원하셨나이다.
◎ 예수 그리스도님, 경배하며 찬송하나이다.

> 무리가 그를 보고 기막혀 했었지. 그의 몰골은 망가져 사람이라고 할 수가 없었고 인간의 모습은 찾아볼 수가 없었다. (이사 52,14)

광포한 무리가 뺨을 후려치고, 침을 뱉으며 업신여기는 모욕을 받아 안으신 주님, 제 영혼이 당신 곁에 있나이다.

마음으로 드리는 기도
주님, 노년은 하느님의 선물입니다.
오랜 세월 십자가 곁에서 삶의 자리를 지켜 오면서도 주님의 마음을 아프게 해 드렸던 지난날을 돌아봅니다. 그 과오로 얼룩진 제 마음을 이제 매 순간 드리는 기도 안에서 정성껏 닦고 싶습니다.
뼈 마디마디에서 느껴지는 통증으로 잘 걷지 못해

지팡이에 의지하여 주님 곁에 온 제가 여기 있습니다. 오직 충직한 사랑만으로 당신 앞에 나아가 피땀으로 형체를 알아볼 길 없는 주님 얼굴을 닦아 드리는 제 누추한 영혼에 주님, 당신 얼굴을 새겨 주소서. 아멘.

(잠깐 묵상한다.)

◎ 예수님의 수난을 보시고 저희와 온 세상에 자비를 베푸소서.
주님의 기도, 성모송, 영광송

(제7처로 가며)
◎ 어머니께 청하오니 제 맘속에 주님 상처 깊이 새겨 주소서.

제 7 처

기력이 다하신 예수님께서
두 번째 넘어지심을 묵상합시다.

✠ 주님께서는 십자가로 온 세상을 구원하셨나이다.
◎ 예수 그리스도님, 경배하며 찬송하나이다.

> 나는 사람도 아닌 구더기, 세상에서 천더기, 사람들의 조롱거리, 사람마다 나를 보고 비쭉거리고 머리를 흔들며 빈정댑니다. (시편 22,6-7)

죄인인 저를 위하여 두 번째 넘어지는 고욕을 당하셨으니 다시는 유혹에 빠져 당신을 배반하지 않으리이다.

마음으로 드리는 기도

주님, 앉기만 하면 쏟아지는 졸음을 쫓으면서 있는 힘을 다해 복음을 묵상하고, 침침한 눈을 다시 떠 가며 말씀을 읽고, 자꾸만 낮아지는 목청을 가다듬어 시편을 노래하고, 온 마음으로 묵주 기도를 바치는 감사를 담은 저의 정성 안에 온몸과 영혼을 새로 나게 하시는 당신 사랑의 격려가 있음을 믿어 의심치

않습니다.

주님, 이제야 온 마음으로 당신을 사랑하게 되었사오니 기도에 몰입할 때마다 더 균형을 잃어 가는 이 노구를 딛고 다시 일어나소서. 저의 주님.

(잠깐 묵상한다.)

◎ 예수님의 수난을 보시고 저희와 온 세상에 자비를 베푸소서.
주님의 기도, 성모송, 영광송

(제8처로 가며)

◎ 어머니께 청하오니 제 맘속에 주님 상처 깊이 새겨 주소서.

제 8 처

예수님께서 예루살렘 부인들을
위로하심을 묵상합시다.

✣ 주님께서는 십자가로 온 세상을 구원하셨나이다.
◎ 예수 그리스도님, 경배하며 찬송하나이다.

> 광풍에 시달려 고생하여도
> 위로해 주는 이 없는 도성아. (이사 54,11)

제가 지은 죄와 온 세상이 지은 죄로 상처 나 해어진 예수 성심의 품을 찾아드나이다.

마음으로 드리는 기도
구세주 예수님, 예루살렘 부인들 틈에 끼어 상처 나고 일그러진 당신의 얼굴 가득 퍼진 저를 향한 미소를 바라봅니다.
예수님, 저와 온 세상의 구원을 위해 받아 안으신 그 큰 고통 중에서도 부서진 마음을 위로하시는 당신 성심 안에 저를 맡깁니다.
매일매일 죄에 떨어져 실망하거나 실없는 오만으로 다른 사람을 판단하고 험담한 보잘것없는 제 영혼이 당신 안에서 다시 품위를 얻기를 원하오니 주님, 제 마음이 당신 위로의 말씀 안에 머물게 하소서. 아멘.
(잠깐 묵상한다.)

◎ 예수님의 수난을 보시고 저희와 온 세상에 자비를 베푸소서.
주님의 기도, 성모송, 영광송

(제9처로 가며)
◎ 어머니께 청하오니 제 맘속에 주님 상처 깊이 새겨 주소서.

제 9 처

예수님께서 세 번째
넘어지심을 묵상합시다.

✣ 주님께서는 십자가로 온 세상을 구원하셨나이다.
◎ 예수 그리스도님, 경배하며 찬송하나이다.

> 그는 우리가 앓을 병을 앓아 주었으며, 우리가 받을 고통을 겪어 주었구나. 우리는 그가 천벌을 받은 줄로만 알았고 하느님께 매를 맞아 학대받는 줄로만 여겼다. (이사 53,4)

끈질기게 붙어 있는 악습, 다시는 하고 싶지 않은 거친 말들을 저도 모르게 내뱉어 주님의 발길을 막는 가련한 모습에 가슴을 칩니다.

마음으로 드리는 기도

주님, 더 이상 필요 없는 말로 구구한 변명을 늘어놓지 말게 하소서. 매일 매 순간 저를 기다리시는 당신 앞에 기쁜 마음으로 먼저 대령하게 하소서.
이해되지 않는 상황이어도 다 뜻이 있어 그러려니 생각하고 웃음으로 받아 안게 하소서. 매일 매 순간 예수님의 수난을 기억하며 저와 온 세상의 죄를 보속하는 마음으로 당신의 자비를 청하는 제 가난한 마음을 보시고 주님, 다시 일어나소서. 아멘.

(잠깐 묵상한다.)

◎ 예수님의 수난을 보시고 저희와 온 세상에 자비를 베푸소서.
주님의 기도, 성모송, 영광송

(제10처로 가며)
◎ 어머니께 청하오니 제 맘속에 주님 상처 깊이 새겨 주소서.

제10처

예수님께서 옷 벗김
당하심을 묵상합시다.

✠ 주님께서는 십자가로 온 세상을 구원하셨나이다.
◎ 예수 그리스도님, 경배하며 찬송하나이다.

> 군인들은 예수를 십자가에 단 후 그분의 겉옷을 가져다가 네 몫으로 만들어 군인 각자에게 한 몫씩 돌렸다. (요한 19,23)

세상에서 보낸 시간만큼 명예, 권력, 돈이라는 세상의 가치로 튼실하게 짜인 갑옷을 입고 있는 저를 찢겨진 주님 성심께 맡기나이다.

마음으로 드리는 기도
예수님, 옷자락만 봐도 주님임을 알게 했던, 그래서 얼른 손을 대기만 해도 병이 나았던 그 권능의 옷을 스스럼없이 다른 사람의 손에 넘기신 당신의 낮추심에 저의 의지를 합하나이다.
저희의 본향, 하늘나라를 지금 여기에서 살 수 있도록 그간 저를 묶어 놓았던 세상의 매듭을 하나하나

기억하며 풀어 가는 아름다운 여정을 허락하시니 감사드립니다.

보잘것없는 저에게 하늘나라를 맛볼 수 있도록 주신 이 귀한 은총의 시간은 세상의 옷을 훌훌 벗어 놓고 천상의 옷으로 갈아입는 복된 하늘 자리입니다.

주님, 알몸으로 세상에 왔으니 알몸으로 당신 앞에 서는 시간에 제가 주님과 하나 되게 하소서. 아멘.

(잠깐 묵상한다.)

◎ 예수님의 수난을 보시고 저희와 온 세상에 자비를 베푸소서.

주님의 기도, 성모송, 영광송

(제11처로 가며)

◎ 어머니께 청하오니 제 맘속에 주님 상처 깊이 새겨 주소서.

제11처

예수님께서 십자가에
못 박히심을 묵상합시다.

✣ 주님께서는 십자가로 온 세상을 구원하셨나이다.
◎ 예수 그리스도님, 경배하며 찬송하나이다.

> 그를 찌른 것은 우리의 반역죄요, 그를 으스러뜨린 것은 우리의 악행이었다. 그 몸에 채찍을 맞음으로 우리를 성하게 해 주었고 그 몸에 상처를 입음으로 우리의 병을 고쳐 주었구나. (이사 53,5)

십자가에 못 박히신 저의 주님, 저의 하느님!
조촐한 제 영혼이 당신의 손과 발에 친구합니다.

마음으로 드리는 기도

주님, 십자가에 못 박혀 아무것도 하실 수 없으나 세상을 구원하는 간절함으로 아버지 하느님을 부르신 당신의 외침에 제 영혼을 합하나이다.
제가 지성으로나 노동을 통해 주님의 영광을 드러낼 수 있는 일은 그리 많지 않으나 하느님, 당신께서는 지금 여기에서 제가 할 수 있는 최고의 일을 남겨 두

셨습니다. 그것은 기도입니다.

제가 생명을 지탱하고 세상 안에서 저 자신이 되어 살아갈 수 있도록 은혜를 베푼 사랑하는 저의 부모님과 가족들 그리고 많은 이웃들, 먹거리가 되어 준 피조물들, 햇빛, 공기와 물을 품은 대지 위에 주님께서 은총을 베풀어 주시기를 청하며 최후의 순간까지 끊임없이 두 손 모아 기도할 수 있도록 제 육신의 두 손을 당신 십자가에 함께 못 박아 주소서. 아멘.

(잠깐 묵상한다.)

◎ 예수님의 수난을 보시고 저희와 온 세상에 자비를 베푸소서.
주님의 기도, 성모송, 영광송

(제12처로 가며)
◎ 어머니께 청하오니 제 맘속에 주님 상처 깊이 새겨 주소서.

제12처

예수님께서 십자가 위에서
돌아가심을 묵상합시다.

✢ 주님께서는 십자가로 온 세상을 구원하셨나이다.
◎ 예수 그리스도님, 경배하며 찬송하나이다.

> 내가 잠깐 너를 내버려 두었었지만,
> 큰 자비를 기울여 너를 다시 거두어들이리라.
> (이사 54,7)

십자가 위에서 숨을 거두신 주님을 바라봅니다.

마음으로 드리는 기도

구세주 예수님, 인간의 욕심 끄트머리에는 하느님을 죽이는 마음이 있음을 명심하게 하소서. 이것은 멀리 있는 일이 아니라 바로 제 안에서 일어나고 있습니다. 주님, 여전히 남아 있는 이기심, 소유욕, 제 방식을 고수하는 고집불통 안에서 하느님은 다시 죽으시니 주님, 저 자신을 당신으로 변화시켜 주소서.
제 생이 다하는 그날 '너는 나를 똑 닮았구나.' 하시는 하느님의 소리를 들을 수 있도록 약한 제 의지에 당신의 숨을 불어넣어 주시어 영으로 다시 살게 하여 주소서. 아멘.

(잠깐 묵상한다.)

◎ 예수님의 수난을 보시고 저희와 온 세상에 자비를 베푸소서.
주님의 기도, 성모송, 영광송

(제13처로 가며)
◎ 어머니께 청하오니 제 맘속에 주님 상처 깊이 새겨 주소서.

제13처

제자들이 예수님 시신을
십자가에서 내림을 묵상합시다.

✠ 주님께서는 십자가로 온 세상을 구원하셨나이다.
◎ 예수 그리스도님, 경배하며 찬송하나이다.

군인들 가운데 하나가 창으로 그분의 옆구리를 찌르니 즉시 피와 물이 나왔다. (요한 19,34)

외아드님의 시신을 십자가에서 내려 품에 안으신 성모 성심을 바라봅니다.

마음으로 드리는 기도
주님, 평안한 안식을 누리소서.
베들레헴 마구간에서 갓난아기 예수를 품에 안으셨던 어머님께서, 지상 여정을 모두 마치고 만신창이가 된 아드님을 품에 안으신 것처럼 저의 임종의 시간에 제 영혼을 당신 품에 받아 안아 주소서. 통고의 어머니! 아멘.

(잠깐 묵상한다.)

◎ 예수님의 수난을 보시고 저희와 온 세상에 자비를 베푸소서.
주님의 기도, 성모송, 영광송

(제14처로 가며)
◎ 어머니께 청하오니 제 맘속에 주님 상처 깊이 새겨 주소서.

제14처

예수님께서 무덤에
묻히심을 묵상합시다.

✠ 주님께서는 십자가로 온 세상을 구원하셨나이다.
◎ 예수 그리스도님, 경배하며 찬송하나이다.

> 예수께서 십자가에 달려 처형되신 곳에는 동산이 있었고, 그 동산에는 아직 아무도 장사 지낸 적이 없는 새 무덤이 있었다. (요한 19,41)

돌무덤에 묻히신 구세주 예수님,
이제는 살처럼 부드러운 제 안에 당신을 모십니다.

마음으로 드리는 기도

하느님께 충실하셨던 예수님, 저에게 허락하신 하루하루가 당신께 봉헌하는 충실한 나날이 될 수 있도록 저를 축복하여 주소서.

제가 드리는 기도 시간마다 주님께서 먼저 오시어 기다리시니 저를 맞으시는 당신께 기쁜 마음으로 나아가게 하소서. 특별히 성체성사 안에서 언제나 저를 찾아오시는 주님을 제 영혼 깊은 곳으로 맞아들여

당신으로 말미암아 숨을 쉬고 당신으로 말미암아 살게 하소서. 아멘

(잠깐 묵상한다.)

◎ 예수님의 수난을 보시고 저희와 온 세상에 자비를 베푸소서.

주님의 기도, 성모송, 영광송

마침 기도

주님, 저를 받아 주소서.
한계와 모순 속에 있는 저,
여전히 약함 안에 있는 저를
있는 그대로 받아 주소서.
그리고 저 자신도
있는 그대로의 저와 함께 살아가면서
주님을 찬미하는 데 지치지 않도록
저를 격려하여 주시고,
약한 저를 품어 안은
제가 속한 공동체를 축복하여 주소서.

당신의 십자가 죽음으로
저에게 영원한 생명의 문이 열렸음을

믿고 고백하며 사랑하는 데 지치지 않도록
저를 당신 십자가 가까이로 불러 주소서.
제가 새로워지리이다.
우리 주 그리스도를 통하여 비나이다. 아멘.

† 성부와 성자와 성령의 이름으로 아멘.

글쓴이 이은주 마리 헬렌 수녀
샬트르 성 바오로 수녀회 서울 관구

그린이 류상애 아녜스 수녀
샬트르 성 바오로 수녀회 대구 관구